DES CHANGEMENTS

SUBIS DEPUIS 1850

PAR LE TAUX DES SALAIRES AGRICOLES ET INDUSTRIELS

DANS LE

DÉPARTEMENT DE MAINE-ET-LOIRE

MÉMOIRE PRÉSENTÉ ET LU AU CONGRÈS DE LA SORBONNE
(SECTION DES SCIENCES ÉCONOMIQUES ET SOCIALES)

ANGERS

IMPRIMERIE LACHÈSE ET DOLBEAU
13, Chaussée Saint-Pierre, 13

1883

DES CHANGEMENTS

SUBIS DEPUIS 1850

PAR LE TAUX DES SALAIRES AGRICOLES ET INDUSTRIELS

DANS LE

DÉPARTEMENT DE MAINE-ET-LOIRE

MÉMOIRE PRÉSENTÉ ET LU AU CONGRÈS DE LA SORBONNE
(SECTION DES SCIENCES ÉCONOMIQUES ET SOCIALES)

ANGERS

IMPRIMERIE LACHÈSE ET DOLBEAU

13, Chaussée Saint-Pierre, 13.

1883

DES CHANGEMENTS

SUBIS DEPUIS 1850

PAR LE TAUX DES SALAIRES AGRICOLES ET INDUSTRIELS

DANS LE DÉPARTEMENT DE MAINE-ET-LOIRE

Mémoire présenté et lu au Congrès de la Sorbonne
(Section des Sciences économiques et sociales).

---

§ I.

AGRICULTURE.

La question des salaires préoccupe vivement les économistes, elle est en quelque sorte l'intérêt du moment. Aussi l'avons-nous trouvée inscrite au programme du Congrès de la Sorbonne, — Section des Sciences économiques et sociales. — Elle a une grande importance pour le département de Maine-et-Loire, où depuis trente ans le progrès agricole et industriel a subi de multiples transformations économiques. Nous allons donc dans cette étude comparer les salaires agricoles de 1850 avec ceux de 1882 et discuter les causes de leur modification, puis nous jetterons un coup d'œil sur la progression des salaires horticoles et industriels dans la ville d'Angers.

SALAIRES AGRICOLES.

A. Arrondissement d'Angers.

Ouvriers de la ferme.

	1850	1882	Augmentation
Maître valet,	300ᶠ »	450 »	50 °/₀
Valet de 4 mois,	1.0 »	300 »	66
Valet de 2 mois,	120 »	200 »	66
Fille de ferme,	120 »	250 »	108
Ouvrier à la journée,	2 »	2 50	25

Culture de la vigne.

Vigneron,	12ᶠ »	20 »	66 °/₀
Vendangeur,	2 »	2 50	25
Vendangeuse,	» 75	1 25	66

B. Arrondissement de Saumur.

Ouvriers de la ferme.

Maître valet,	300ᶠ »	475 »	58 °/₀
Valet de 4 mois,	néant	néant	néant
Valet de 2 mois,	id.	id.	id.
Fille de ferme,	150 »	300 »	100
Ouvrier à la journée,	1 75	2 50	42

Culture de la vigne.

Vigneron,	70ᶠ »	144 »	105 °/₀
Vendangeur,	1 75	2 50	42
Vendangeuse,	» 60	1 25	108

C. Arrondissement de Baugé.

Ouvriers de la ferme.

	1850	1882	Augmentation
Maître valet,	200ᶠ »	450 »	125 %
Valet de 4 mois.	100 »	250 »	150
Valet de 2 mois,	néant	néant	néant
Fille de ferme,	100 »	250 »	150
Ouvrier à la journée,	1 25	2 »	60

Culture de la vigne.

	1850	1882	Augmentation
Vigneron,	10ᶠ »	20 »	100 %
Vendangeur,	1 25	2 »	60
Vendangeuse,	» 50	1 »	100

D. Arrondissement de Cholet.

Ouvriers de la ferme.

	1850	1882	Augmentation
Maître valet,	250ᶠ »	500 »	100 %
Valet de 4 mois,	130 »	300 »	130
Valet de 2 mois,	70 »	175 »	150
Fille de ferme,	150 »	275 »	83
Ouvrier à la journée,	1 75	2 50	42

E. Arrondissement de Segré.

Ouvriers de la ferme.

	1850	1882	Augmentation
Maître valet,	200ᶠ »	390 »	95 %
Valet de 4 mois,	120 »	200 »	66
Valet de 2 mois,	60 »	150 »	150
Fille de ferme,	90 »	190 »	111
Ouvrier à la journée,	1 50	3 »	100

§ II.

De la comparaison des salaires de 1850 avec ceux de 1882, il résulte une plus-value variant entre 42 et 150 0/0 pour ce qui a trait à l'agriculture proprement dite dans les cinq arrondissements de Maine-et-Loire. Différence énorme si on considère qu'elle s'applique seulement à une période trentenaire.

Le maître-valet, le bouvier, la servante, ont vu leurs gages augmenter en raison du travail qui leur était demandé par suite d'une plus vaste surface de terrain mise en culture dans la ferme. L'ouvrier agricole de quatre mois, c'est-à-dire celui qui dans les arrondissements où nous avons inscrit son salaire, prend part aux travaux de la ferme depuis le 24 juin jusqu'au 1er novembre, et l'ouvrier de deux mois, engagé seulement pour la fauchaison et la moisson, ont vu leurs salaires plus que doublés, parce qu'ils sont passés de la catégorie générale des ouvriers agricoles dans la classe des ouvriers de spécialité, devenus plus rares dans les campagnes.

Les agents culturaux de la vigne, dans les trois arrondissements, où ce précieux végétal est plus spécialement aménagé, ont bénéficé pour leur part d'une augmentation de 100 pour 100.

Les vignerons, ouvriers spéciaux, en ne répudiant pas les travaux de leur profession et en demeurant attachés au sol qui les a vu naître, sont devenus les maîtres de la position. Ils ont demandé et obtenu progressivement des augmentations de salaire qui se traduisent par la plus value que nous avons indiquée.

La rétribution inscrite dans les tableaux qui précèdent, comme afférente aux vignerons, représente la somme payée pour toutes les façons données conformément à l'usage du pays au *quartier* de vignes, dans les arrondissements d'Angers et de Baugé. Pour l'arrondissement de Saumur, nous avons donné le salaire payé pour la façon d'un hectare de vignes, la mesure superficielle n'étant pas la même que dans les autres dictricts viticoles.

L'expression de *quartier* conservée pour désigner la mesure superficielle des vignes, provient de l'usage qu'avaient, au temps passé, les seigneurs ou les moines, d'abandonner aux colons des terres à planter en vignes, à la charge par eux de conduire au pressoir de l'abbaye ou à celui du château, le quart de la vendange.

La contenance d'un *quartier* de vignes est égale à 19 ares 80 centiares.

§ III.

On peut faire remonter le point de départ de la modification des salaires agricoles dans le département de Maine-et-Loire, à l'époque de 1832. C'est en effet, à cette date, que des voies stratégiques furent construites dans notre pays. En ouvrant des débouchés aux produits du sol, elles ont donné une plus value considérable à la propriété immobilière. Si bien que l'on peut affirmer, sans crainte d'être taxé d'exagération, que depuis le commencement du siècle, la valeur de la terre a triplé, en Anjou. Nous pourrions prendre des exemples extrêmes, et citer telle propriété, qui, achetée il y a quatre-vingts ans, *vingt francs* l'hectare, est aujourd'hui louée douze fois le prix de sa valeur, mais on ne saurait appuyer un raisonnement sur une exception.

Plus tard, les chemins de fer vinrent, de leur côté, transformer les modes de transport des récoltes et du bétail et contribuer au progrès. Mais entre temps, les fours à chaux créés à Chalonnes-sur-

Loire et sur d'autres points du département
en vulgarisant l'emploi de l'amendement
calcaire, rendirent aux terrains schisteux
et granitiques des arrondissements de Cho-
let et de Segré une fertilité nouvelle qui,
tout en augmentant les revenus du proprié-
taire, apporta aussi le bien-être et l'épargne
dans la chaumière du paysan.

A ces causes générales que nous nous
bornons à indiquer à grands traits, il faut
ajouter les raisons plus immédiates qui ont
concouru à l'augmentation des salaires : la
dépréciation de la valeur de l'argent; le
mouvement d'immigration de la population des communes exclusivement rurales
vers le chef-lieu du département où d'importants établissements industriels se sont
établis. Nous citerons seulement un exem-
ple à l'appui de notre thèse. Lors du recensement général de la population, en
1851, le canton de Thouarcé comptait
19,400 habitants; au recensement de 1882,
la population est tombée à 17,918 habitants, soit en moins 1,482.

La dépopulation a plus particuliè-
rement frappé les communes de Chan-
zeaux, Rablay, Charcé, Vauchrétien, où
la perte subie est d'un cinquième; de Chavagnes-les-Eaux, où la diminution est de

deux cinquièmes; de Saint-Ellier et de Luigné, qui perdent un tiers.

Ces communes, essentiellement rurales, sont restées, à l'exception toutefois de celle de Chavagnes-les-Eaux, en raison de leur situation topographique, en dehors des grandes voies stratégiques ouvertes dans le département de Maine-et-Loire, par la Monarchie de Juillet, afin de relier Angers avec les sous-préfectures et les principales villes suburbaines; elles sont également demeurées déshéritées jusqu'à présent des lignes de chemin de fer d'intérêt général et local distribuées sur le sol de l'Anjou.

Dans ces communes, où la main-d'œuvre restait stationnaire par suite de l'absence des transactions commerciales, ceux d'entre les habitants que la possession n'attachait point au sol natal, ont cherché à gagner les centres où l'industrie venait d'installer de nombreux métiers actionnés par la vapeur, afin d'y trouver, avec un travail moins pénible, une rémunération plus importante et plus en rapport avec les nécessités de la vie contemporaine.

C'est ainsi que la population des grandes cités s'est acrue au détriment de celles des campagnes. La ville d'Angers qui,

en 1851, comptait 46,599 habitants,
en possède, en 1881, 68,000, soit en
plus 21,401 habitants. Nous ne pen-
sons pas, cependant, que cet excédent
de la population de la ville d'Angers,
révélé par le dernier recensement, pro-
vienne exclusivement de l'immigration
des communes suburbaines de l'Anjou.
Il ne faut point négliger de faire entrer en
ligne de compte les nombreux émigrants
bretons qui viennent demander à l'important centre ardoisier d'Angers-Trélazé des
salaires rémunérateurs que le sol breton
leur refuse. De même, pour rester dans la
vérité, il convient encore d'inscrire parmi
les causes de la dépopulation la diminution
dans les naissances.

En effet, en 1851, avec 515,452 habitants le département de Maine-et-Loire
voyait naître 12,078 enfants, soit 23,43
pour 1,000 habitants, tandis qu'en 1881,
avec 529,491 habitants, il n'a plus que
10,522 naissances, ou 20,09 pour 1,000,
ce qui nous donne pour 1881 une diminution 3,34 pour 1,000!

Du reste, pour se rendre exactement
compte du mouvement de la population
dans le département de Maine-et-Loire, il
suffit de jeter un coup d'œil sur le tableau

ci-dessous. Les chiffres qu'il renferme dispenseront de toute réflexion.

POPULATION DU DÉPARTEMENT DE MAINE-
ET-LOIRE.

Recensement des années	Population totale.
1820	442,859 hab.
1831	467,071 —
1841	448,472 —
1851	515,452 —
1861	526,012 —
1881	529,494 —

Ainsi, alors que de 1820 à 1851 le mouvément d'augmentation de la population est accusé par des excédants de 24,401, de 25,212, et de 26,980 habitants, il n'est plus en 1861 que de 10,560, pour tomber à 6,521 en 1881.

§ IV.

Telles sont les causes qui, dans leur ensemble, ont contribué à la transformation des salaires agricoles dans le département de Maine-et-Loire. Mais une question se pose tout de suite : Le niveau moral de la population agricole s'est-il accru proportionnellement avec les salaires ? Certainement non. Cependant si des besoins de bien-être matériel, si des habitudes de luxe sont venus prendre place au foyer des habitants des campagnes et enrayer la marche ascendante de l'épargne, il ne faut pas croire pour cela que le paysan angevin soit resté en dehors du mouvement intellectuel qui s'est accompli depuis trente ans. C'est aujourd'hui le petit nombre qui ne sait pas lire, surtout parmi les femmes. Aussi aurait-on le plus grand tort de penser que les habitants des campagnes vivent complétement désintéressés de ce qui se passe autour d'eux. Profondément observateur, doué d'un grand bon sens naturel, le paysan sait parfaitement peser le pour et le contre de la révolution sociale que nous traversons, et tout en restant très réservé dans ses appréciations et sur les hommes et sur les questions du jour, son jugement est souvent bien assis et fortement motivé.

§ V.

HORTICULTURE.

La culture des végétaux n'est point une industrie nouvelle à Angers. Dès la seconde moitié du XVIIIe siècle, les familles Leroy, Lebreton, Délépine, Audusson, etc., y cultivaient des jardins et des pépinières qui, situés pour la plupart, non loin des murs d'enceinte, eurent à souffrir du siège que soutint la ville d'Angers en 1793.

Avant la création de ces établissements, l'Anjou était tributaire des pépinières d'Orléans, dont les produits arrivaient par la Loire jusqu'aux Ponts-de-Cé.

Le botaniste Merlet de la Boulaye qui fut chargé de la réorganisation et de la distribution du Jardin Botanique d'Angers en 1789, lors de l'envoi de Lareveillère-Lépeaux aux Etats généraux, contribua puissamment à répandre parmi les jeunes horticulteurs le goût des belles plantes, et ceux-ci trouvèrent toujours en lui un guide aussi bienveillant que judicieux.

Aussi, dès l'année 1800, trouve-t-on dans les catalogues des horticulteurs angevins, quatre variétés de Magnolias, cet arbre superbe, que l'amiral de la Galissonnière avait importé de la Louisiane. Si la ville de Nantes eut les prémices de la conquête pacifique de l'amiral breton, grâce à Symphorien Leroy, Angers ne tarda guère à posséder les plus beaux types du nouveau genre botanique, qui a emprunté son nom à Magnol, professeur à la célèbre Ecole de Montpellier, au commencement du XVIIIe siècle.

Le Camellia que le R. P. Camelli rencontra au Japon en 1739, apparaît d'abord en 1809, dans les jardins d'Angers, apporté d'Angleterre, par Benoist dit *Grosse-Tête*. Un an après, 1810, Mme veuve Leroy, en fait venir un plus grand nombre également d'Angleterre.

Peu de personnes se souviennent de Benoist dit *Grosse-Tête*, le nom qui reste attaché à la vulgarisation de la culture du camellia à Angers, est celui de M. Cachet père, qui, élevé auprès d'un amateur délicat, M. Bizard, de Millepieds, fonda en 1822 ou 23 un établissement spécialement destiné aux plantes de serre tempérée, qui n'a rien perdu de sa renommée première en passant entre les mains de son fils.

Le département de Maine-et-Loire est également l'un des premiers où la culture des rosiers prit une rapide extension. La Hollande avait le monopole de la culture des roses. En 1812, M. Gentilhomme alla lui emprunter ses plus belles variétés pour les fixer à Angers. Les roses de l'Anjou, fleurissant sous la protection de notre climat tempéré, ne tardèrent guère à faire échec aux roses de la Hollande, et l'Angleterre, la Belgique, les Etats-Unis vinrent s'approvisionner chez nos horticulteurs.

Ainsi qu'on vient de le voir par le court exposé qui précède, le terrain était bien préparé pour le succès. Aussi, les fils et les petits-fils des Leroy, des Lebreton, des Délépine, des Audusson et de tant d'autres vont-ils marcher de pair, et à l'envi les uns des autres pour doter la cité angevine de ces immenses pépinières, dont les produits innombrables vont aller embellir tous les jardins de l'ancien et du nouveau monde.

De 1840 à 1870, le mouvement horticole, obéissant à des impulsions aussi fécondes qu'éclairées, a été considérable en Anjou ; les mauvais jours de l'invasion allemande en ont ralenti la marche, mais ils ne l'ont pas arrêtée, et les nations voisines continuent de payer un lourd tribut aux jardins de l'Anjou, en échange du riche butin qu'elles leur enlèvent.

SALAIRES HORTICOLES.

	1830	1882.	Augmentation
Manœuvres,	1ᶠ50	2ᶠ50	66 °/°
Ouvriers sédentaires,	2 »	3 »	50
Ouvriers marchandés,	2 75	4 »	45
Contre-maîtres,	1.000 »	1.200 »	20
—	1.200 »	1.800 »	50

Là encore, dans les quatre classes d'ouvriers horticoles, nous trouvons une plus-value dans les salaires, allant de 20 0/0 à 66 0/0. Elle est surtout notable chez les contre-maîtres, qui sont d'autant plus payés qu'ils offrent plus de garanties pour remplir les délicates opérations qui sont abandonnées à leurs soins.

§ VI.

INDUSTRIE.

A. Groupe ardoisier.

D'après M. A. Blavier, ingénieur des mines, — *Essai sur l'industrie ardoisière d'Angers,* — l'exploitation authentique du centre ardoisier d'Angers ne remonte pas au-delà du XII° siècle, bien que la légende angevine attribue à l'évêque Licinius, vivant au VI° siècle, et devenu sous le nom de saint Lezin le patron des ouvriers ardoisiers, la découverte des propriétés fissiles du schiste ardoisier.

Dans les premiers temps de l'exploitation, l'élévation des matériaux s'opérait à dos d'homme, au moyen de hottes, et les eaux de la carrière se vidaient avec des seaux montés par des tours à bras. Aujourd'hui la force vapeur a pris la place de ces engins primitifs pour élever les matériaux, et tirer l'eau du fond des chambres souterraines où l'on exploite le schiste ardoisier.

En 1850, le centre ardoisier d'Angers occupait 2,600 ouvriers, et la production s'est élevée à 114 millions d'ardoises de toute nature. En 1882 avec 2,648 ouvriers, la production totale a été de 176 millions d'ardoises. Voyons maintenant quel est le salaire à l'une et à l'autre de ces années.

SALAIRES DES OUVRIERS ARDOISIERS.

	1850	1882	Augmentation.
Journaliers, par jour,	1f75	2 75	57 %
Ouvriers d'à-bas —	2 63	4 25	76
Ouvriers fendeurs d'ardoises, par an,	680 »	1250 »	83

Ici, comme dans le groupe agricole, l'ouvrier qui profite le plus largement de l'accroissement du salaire est l'ouvrier spécial, et du tableau qui précède il résulte que la plus-value du salaire est proportionnelle à l'importance de la spécialité.

En même temps que dans le centre ardoisier d'Angers, les hommes d'élite qui sont à sa tête apportaient tous les perfectionnements modernes au mode d'exploitation proprement dit, l'amélioration matérielle de la situation des ouvriers n'était point négligée. Ils la trouvent dans l'assurance d'un travail rémunérateur ; dans l'extension des chambres de dépenses, où les familles obtiennent, à prix coûtant, tous les éléments nécessaires à leur existence ; dans le développement des caisses de prévoyance pour les secours mutuels et la retraite ; dans le service médical gratuit pour tous les ouvriers ; dans le service organisé pour les blessés ; dans les logements avec jardins, construits par la commission des ardoisières, et répartis au nombre de 152 sur les communes de Trelazé et de St-Barthélemy.

B. *Le groupe du granit.*

La bande de granit qui sillonne le département de Maine-et-Loire est plus spécialement exploitée à Bécon, situé à 20 kilomètres d'Angers. Là se trouve un massif assez important, sa mise en rapport ne dépasse point le commencement du siècle, et encore se bornait-on à tirer des blocs superficiels qui servaient à confectionner des auges et des bouches de four.

En 1847, au moment de la construction

du chemin de fer d'Orléans à Nantes, les ingénieurs de cette compagnie mirent en exploitation régulière les carrières de Bécon, sans toutefois pousser les fouilles au-delà de quatre ou cinq mètres de profondeur.

Le granit de Bécon, d'une belle teinte bleue à cassure fraîche, exploité par la Cie d'Orléans, est entré dans la construction du pont de Bouchemaine. Cet emploi judicieux du granit, attira en quelque sorte l'attention des industriels sur les carrières de Bécon, et maintenant les affouillements ont une profondeur de 20 à 25 mètres.

Le groupe de Bécon occupe 5 à 600 ouvriers, et livre par an environ 15,000 mètres cubes de granit taillé, et 40 à 50,000 pavés d'échantillons, pour le pavage des rues.

SALAIRES DES OUVRIERS TRAVAILLANT LE GRANIT.

	1850	1882	Augmentation
Manœuvres,	2^f »	3 50	75 °/°
Ouvriers du fond,	néant	4 »	
Ouvriers tailleurs de pierres à la journée,	3 »	4 75	55
Ouvriers tailleurs de pierres à leurs pièces,	3 »	5 »	66

C. *Industrie chanvrière.*

On ne saurait préciser à quelle époque remonte la culture du chanvre en Anjou, mais dès l'année 1748, la famille Joubert établissait à Beaufort-en-Vallée, avec autorisation royale, une manufacture de toiles à voiles, qui fut plus tard transportée à Angers, et est actuellement dirigée par M. Ambroise Joubert.

En 1752, les frères Danton (Thomas et François), obtinrent du roi le privilège de fonder à Angers une manufacture de toiles peintes ou imprimées, dites *toiles des Indes.* Elle fut installée au lieu dit de *Tournemine*, dans le faubourg Saint-Jacques. La manufacture de Tournemine, qui était l'une des trois entreprises de ce genre existant en France à cette époque, reçut bientôt du roi un nouveau privilège, celui de pouvoir fabriquer de l'indienne. Depuis de longues années la manufacture de Tournemine a disparu, et avec elle la fabrication des toiles peintes et des indiennes à Angers.

A côté de la maison Joubert sont venus se fonder d'importants établissements où l'on travaille le chanvre. Telles sont : les filatures Max-Richard, Cailleau et Segris ; Pelou, Bonnefond et C° ; le Cordon-Bleu ;

la grande corderie Besnard, Bessonneau et Genest. Ces maisons jouissent en France et à l'étranger d'une renommée très légitimement acquise.

L'industrie du chanvre occupe à Angers une population de 4,000 ouvriers.

SALAIRE DES OUVRIERS DE L'INDUSTRIE DU CHANVRE.

	1850	1882	Augmentation
Fileuses,	2f »	2 50	25 %
Ouvrières de préparation,	1 50	2. »	33
Fillettes (14 ans),	0 75	1 25	66
Tisserands,	2 »	4 »	100
Cordiers,	2 10	4 10	95
Peigneurs de chanvre,	3 50	4 65	32
Jeunes garçons du peignage,	1 25	2 »	60
Manœuvres,	2 10	3 50	66

Dans le tableau précédent, les deux genres de salaires qui se sont le plus modifiés sont ceux des tisserands et des cordiers. Cette augmentation provient de la plus-value en rendement. En effet, aujourd'hui, le tissage mécanique a pris la place du tissage à la main. Mais en dehors du rendement plus considérable des ouvriers, secondés qu'ils sont par les métiers automatiques, il faut également faire entrer dans les causes de l'augmentation des salaires ouvriers, les besoins que chacun éprouve aujourd'hui de se nourrir plus confortablement. On ne peut qu'approuver cette modification apportée dans le régime hygiénique des ouvriers, parce que l'alimentation saine et suffisante est le seul élément de réparation que l'homme supportant un travail pénible ait à sa disposition.

Les honorables industriels qui sont à la tête des manufactures de la ville d'Angers, se sont également préoccupés d'élever le niveau moral des ouvriers, en encourageant par des primes d'assiduité, le travail et le rendement, et en récompensant l'épargne, sous la forme d'un intérêt important. Dans un établissement dont nous ne sommes pas autorisé à donner le nom, chaque ouvrier qui, dans l'année, économise 100 fr. sur son salaire, reçoit 15 0/0 d'intérêt.

Encouragé de cette manière, le bien-être matériel est entré sous une forme très moralisatrice au foyer de la famille ouvrière honnête et laborieuse. Aussi, à Angers, les rapports entre les patrons et les ouvriers sont loin d'être aussi tendus qu'ils le sont dans beaucoup d'autres contrées, et toutes les transformations industrielles devenues nécessaires, ont pu s'opérer sans ces secousses et ces grèves, qui sont aussi nuisibles à l'ouvrier qu'au patron.

A. BOUCHARD,

Secrétaire de la Société Industrielle
et Agricole de Maine-et-Loire.

Angers, imp. Lachèse et Dolbeau, chaussée Saint-Pierre, 13.

www.ingramcontent.com/pod-product-compliance
Lightning Source LLC
Chambersburg PA
CBHW061723060726
47597CB00006B/2543